England? Großbritannien? ... oder was?

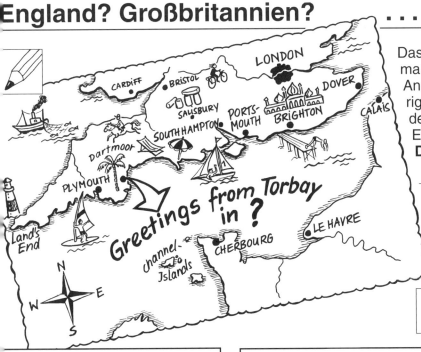

Das ist schon eine verflixte Sache. Da macht man einen schönen Urlaub, grüßt mit einer Ansichtskarte und kommt in echte Schwierigkeiten. Es ist gar nicht so einfach, sich mit den Namen der Inseln am westlichen Rand Europas zurechtzufinden.

Diese Ansichtskarte kommt aus

Du wirst bestimmt die richtige Antwort finden, wenn du diese Seite gründlich durchgelesen und bearbeitet hast.

Die Britischen Inseln …
sind zwei große Hauptinseln sowie Hunderte von kleineren und größeren Inseln rundherum.

Großbritannien …
in Englisch: Great Britain (GB) besteht aus drei großen Teilen: **England, Wales** und **Schottland**

Das Vereinigte Königreich …
ist ein Staat und heißt vollständig: *The United Kingdom of Great Britain and Northern Ireland.* (Kurzform: UK).
Das Vereinigte Königreich besteht aus Großbritannien sowie Nordirland und zahlreichen Inseln.

Male die Flächen nach den drei dargestellten Namenerklärungen aus und beschrifte die Karten.

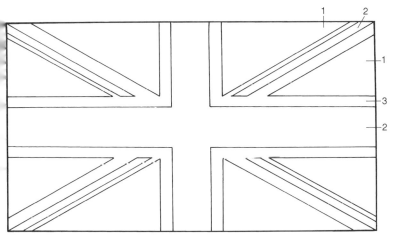

Schon gewusst?

Die Flagge von Großbritannien und Nordirland (United Kingdom – UK) heißt „UNION JACK".
Sie ist eine Kombination von drei Kreuzen, den Kreuzen der Schutzheiligen:
St. Georg (England), St. Patrick (Irland), St. Andreas (Schottland).

Male den „Union Jack" mit den richtigen Farben aus.
1 = blau, 2 = rot, 3 bleibt weiß

KLETT-PERTHES

2 Viele Wege führen nach London

... zum Beispiel: zu Lande durch den Eurotunnel unter dem Meer hindurch.

Seit 1994 befördern Schnellzüge von Calais in Frankreich die Reisenden mit oder ohne Auto durch Tunnelröhren „unter Wasser" nach Folkstone in England. Kaum ein Bauwerk ist in Europa so bekannt wie die Betonröhren des „**Eurotunnel**". Mit dem Bau des Kanaltunnels ist es Reisenden nach Großbritannien nun möglich, ohne umzusteigen vom europäischen Festland direkt in die britische Hauptstadt London zu fahren.

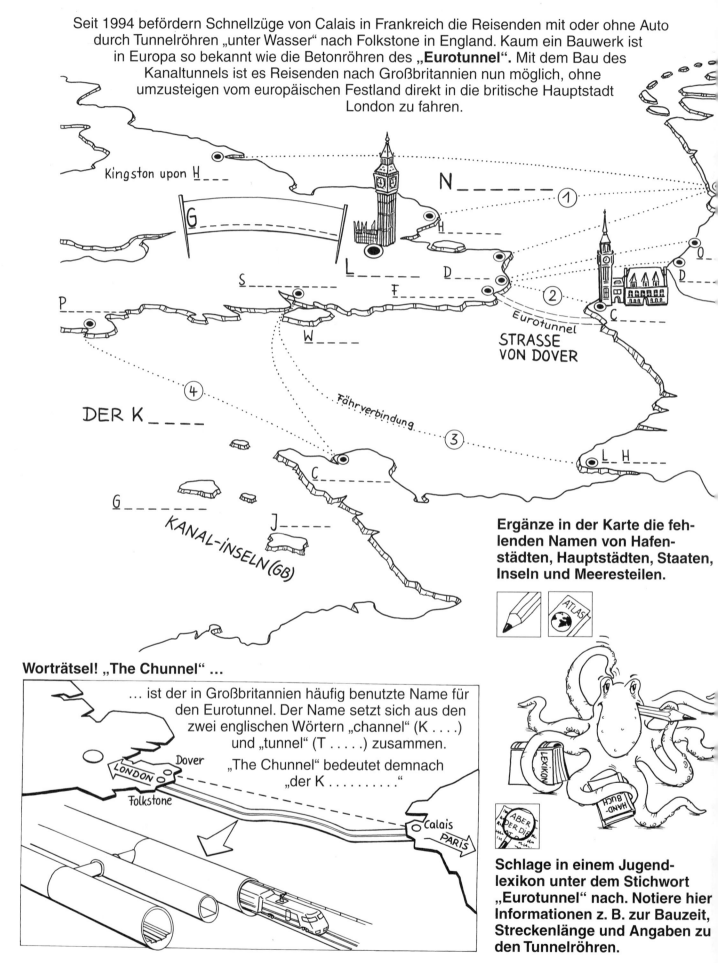

Ergänze in der Karte die fehlenden Namen von Hafenstädten, Hauptstädten, Staaten, Inseln und Meeresteilen.

Worträtsel! „The Chunnel" ...

... ist der in Großbritannien häufig benutzte Name für den Eurotunnel. Der Name setzt sich aus den zwei englischen Wörtern „channel" (K . . . .) und „tunnel" (T . . . . .) zusammen.

„The Chunnel" bedeutet demnach „der K . . . ."

Schlage in einem Jugendlexikon unter dem Stichwort „Eurotunnel" nach. Notiere hier Informationen z. B. zur Bauzeit, Streckenlänge und Angaben zu den Tunnelröhren.

KLETT-PERTHES

... zum Beispiel: zu Wasser

Riesige Autofähren transportieren Hunderte von Autos und Lkws auf mehreren Wagendecks. Die Fahrzeuge fahren durch die große Bugöffnung auf die Fähre und verlassen sie über eine Rampe am Heck. Zwischen dem Festland Westeuropas und Großbritannien verkehren die Fähren Tag und Nacht.

Stelle mit Hilfe der Karte diese Fährverbindungen her.

von (Stadt/Land)   nach

① _____
② _____
③ _____
④ _____

Hier ist die „Seacat" (zu deutsch S _ _ _ _ _ _) abgebildet, eine besonders schnelle und sichere Doppelrumpffähre. Wie nennt man in der Schifffahrt Doppelrumpfboote? Die Silbe „CAT" im Namen des Schiffes gibt einen Hinweis.

K _ _ _ _ _ _ _ _

... zum Beispiel: in der Luft

Der Großflug**h**afen von London ist d**e**r größte Airport in Europ**a** und der dri**tt**größte in der Welt. Me**h**r als 50 Millionen Fluggäste landen hie**r** jährlich. Das sind fast s**o** viele Menschen **w**ie ganz Großbritannien Einwohner hat.

Notiere die fetten Buchstaben im Text der Reihe nach. Du erhältst dann den Namen des Großflughafens von London.

_ _ v _ _ H _ _ _ _ _ _

B _ _ _ _ _ _

F

P _ _ _ _ _

Schreibe in die leeren Kreise des Stadtplans die Kennbuchstaben der 16 Sehenswürdigkeiten.

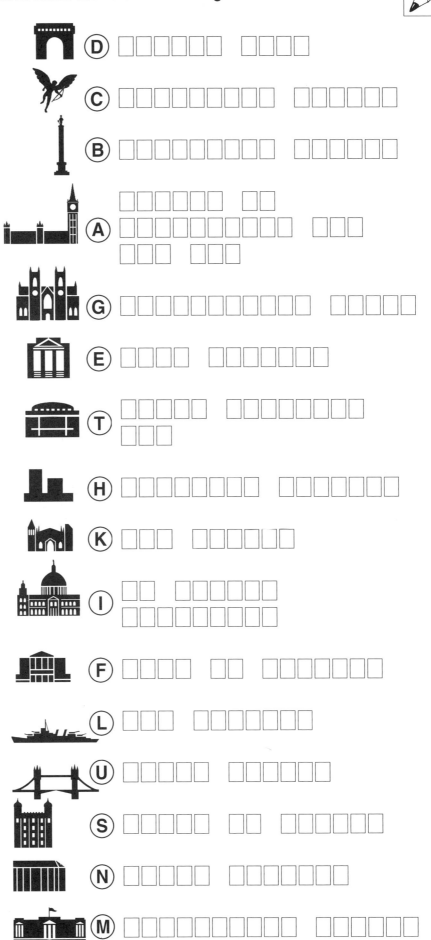

Britpop: Who's „The Who"?

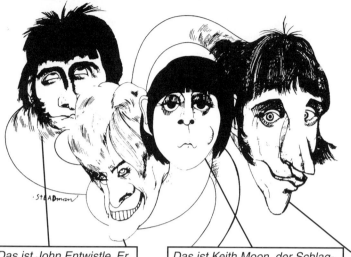

London um 1966
John, Roger, Keith und Pete kennen sich schon seit ihrer Schulzeit.
Sie nennen sich „The Who" und spielen Superpop – fetzig, laut, schnell und voller Energie.

Wo 1970 zwei berühmt gewordene Live-Konzerte von „The Who" stattfanden, findest du mit Hilfe der hier dargestellten Karten heraus.

Das ist John Entwistle. Er spielt die Bassgitarre und steht einfach nur auf der Bühne.

Das ist Keith Moon, der Schlagzeuger. Er ist immer zu verrückten Späßen aufgelegt.

Das ist Roger Daltrey. Er ist der Sänger und wirbelt sein Mikrofon wie ein Lasso.

Das ist Pete Townshend. Er schreibt die Hits. Mit seinem Propellerarm drischt er die Sologitarre. Oft geht sie dabei zu Bruch.

London heute
„The Who" sind längst Musikgeschichte. Nach unzähligen Tourneen, Live-Konzerten und Millionen verkaufter Schallplatten ist diese britische Band eine Musiklegende geworden, aber die Musiker rocken munter weiter.

**In allen Städten, die in die Karte eingezeichnet sind, traten „The Who" auf.
Trage die Namen der Städte in die nebenstehende Liste ein.**

G. _____	Le. _____
Y. _____	O. _____
H. _____	B. _____
N. _____	Po. _____
D. _____	S. _____
Lei. _____	L. _____
Li. _____	P. _____
Bl. _____	Br. _____
M. _____	C. _____
Sh. _____	Sw. _____

KLETT-PERTHES

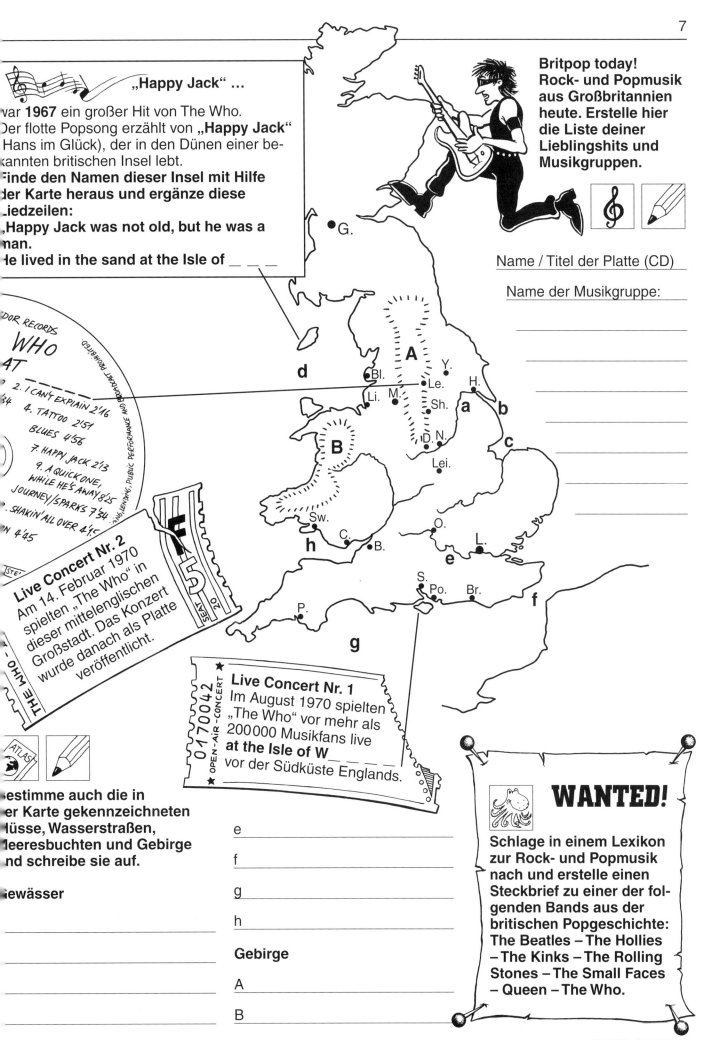

Extra, extra – read all about it

Unsere Geschichte, besser gesagt die Geschichte Großbritanniens, beginnt etwa um das Jahr 400 nach Christus. Damals verließen die Römer die Südküste des heutigen England. Doch neue Eroberer ließen nicht lange auf sich warten. Sie kamen mit ihren Langbooten aus Nordeuropa, dem heutigen Norwegen und Dänemark.

Die germanischen Völker der Angeln, Jüten und Sachsen gründeten bald das erste Königreich der Angelsachsen. Es lag auf dem Gebiet des heutigen Sussex in England. In den folgenden Jahrhunderten dehnten die neuen Herren ihr Inselreich immer weiter aus. Doch im Herbst 1066 näherten sich 700 Schiffe der Südküste. Sie brachten unbemerkt 5000 Krieger, Pferde und Kriegsgerät an Land. Es waren die Normannen (Wikinger).
Sie wurden von ihrem Herzog William angeführt. Am 14. Oktober 1066 kam es bei Hastings zur blutigen Schlacht um die Herrschaft auf der Insel.

THE HISTORICAL Extra

Hastings. 700 Schiffe nähern sich der Küste. Doch ...

Schlage im Atlas eine Karte von England auf. Suche die Städte und Flüsse, die in der Karte vermerkt sind. Trage sie in die Tabelle ein.

Keltische Namen: _____

Römische Namen: _____

Sächsische Namen: _____

Skandinavische Namen: _____

Sonstige: _____

Ortsnamen erzählen aus der Besiedlungsgeschichte und verraten ihre Herkunft.

Origin (Herkunft) of name	Name, or suffix (Endung)	English meaning	Deutsche Bedeutung
Celtic (keltisch) from the Rhine	Avon Ouse	stream, river water	Strom, Fluss Wasser
Roman (römisch) from Italy	-cester -chester	fort or castle	Festung oder Burg
Saxon (sächsisch) from Northern Germany	-ing, ingham -ington -ton -borough, -bury	groups of people homestead enclosure fortified place	Gruppen von Menschen Heimstätte Einzäunung befestigter Ort
Scandinavian (skandinavisch)	-toft -by -ings	homestead enclosure marsh or meadow	Heimstätte Einzäunung Marsch oder Wiese

KLETT-PERTHES

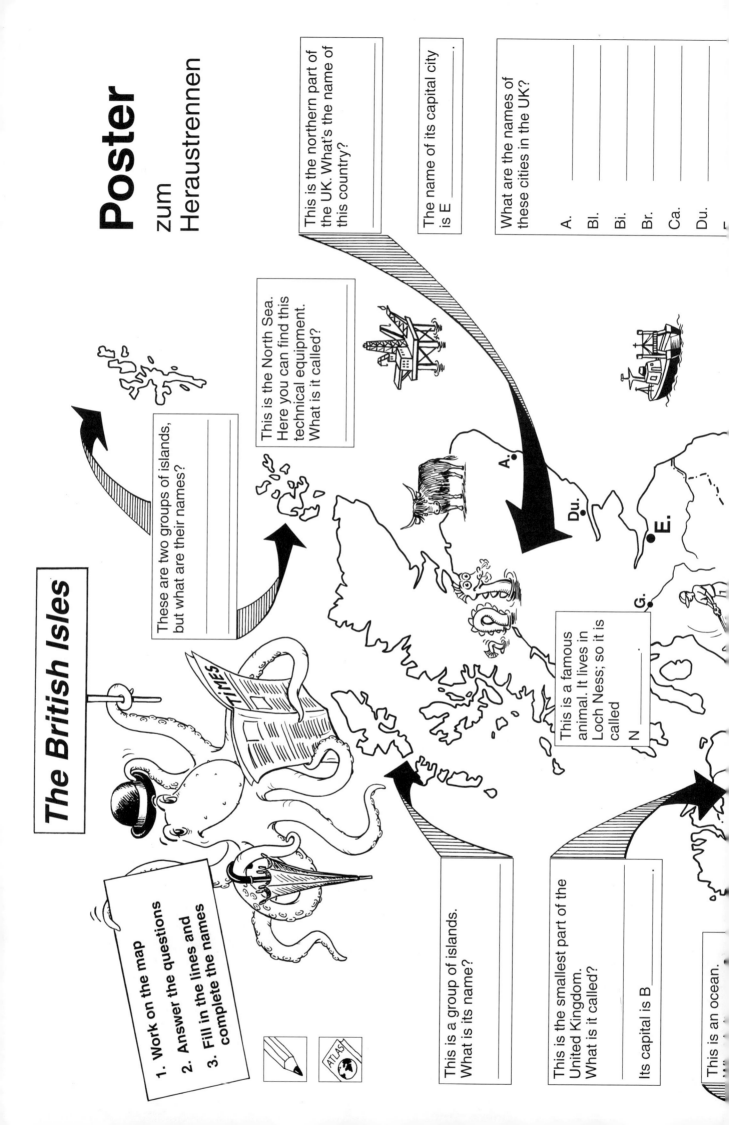

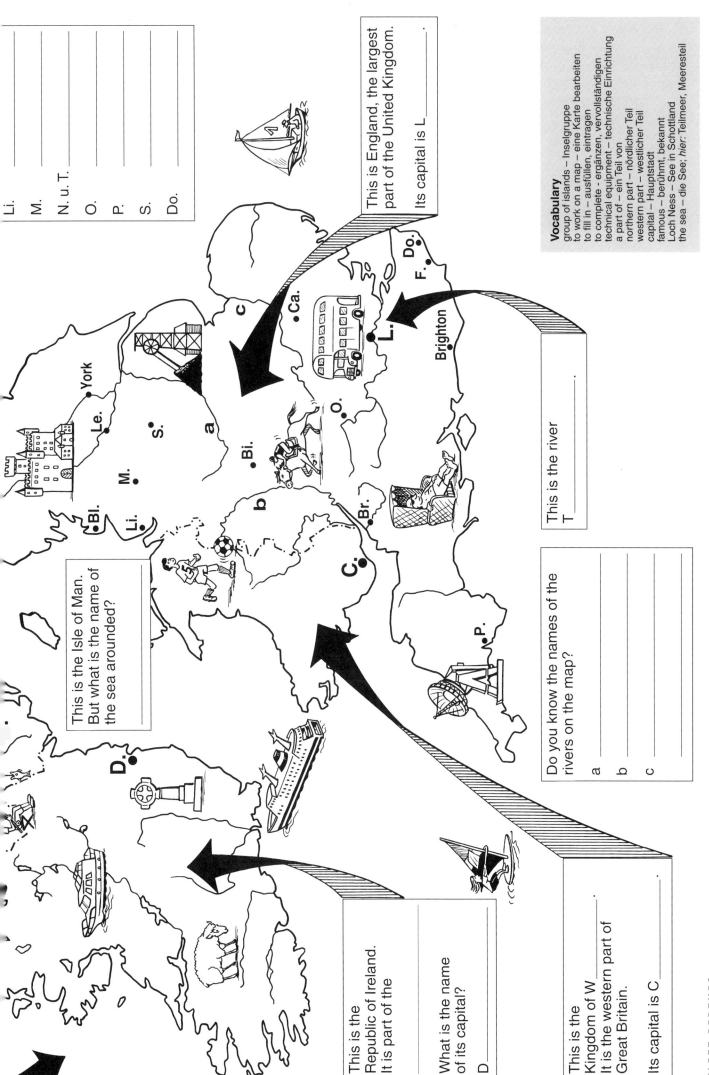

The World of Robin Hood

... wie die Geschichte ausgeht, kannst du im Lexikon nachlesen und hier notieren.

  Übersetze den Text und trage die Namen der Schauplätze (1–7) an die richtigen Orte in Sherwood Forest ein.

It is the year 1185. **Robin of Locksley,** a **Saxon** gentleman, lives in **Locksley Hall (1).** That is near Nottingham. **The King of England, Richard the Lionheart** is far away in the **Holy Land.** His brother **Prince John** is in his place. He lives at **Nottingham Castle (2).** He is a cruel man and he doesn't like the **Saxons** because he is **Norman.** The **Sheriff of Nottingham** is his friend. Also **Guy of Gisborne,** who lives at **Gisborne Castle (3).** One day Robin has a fight with Gisborne's men. They burn Robin's house and make him an outlaw. So Robin lives in Sherwood Forest with his friends. They rob rich people who are on their way through the forest. You can sometimes see Robin near his **Oak tree (4),** in **St. Mary's Abbey (5),** at **Outwoods Hunting Lodge (6)** or at **Woodstone Church (7).**

Schon gewusst?

Nottingham liegt am Fluss _____

Nottingham liegt _____ km nordwestlich von London.

Nottingham liegt in _____ (England, Schottland oder Wales?)

Vocabulary

world – Welt	friend – Freund	in his place – an seiner Stelle	castle – Burg, Schloss
year – Jahr	one day – eines Tages	cruel – grausam	to hunt – jagen
Saxon – Sachse	to have a fight – kämpfen	forest – Wald	lodge – Häuschen
gentleman – Edelmann	to burn – verbrennen	to rob – berauben	church – Kirche
to live – leben	to make him an outlaw –	rich – reich	abbey – Abtei
near – in der Nähe von	ihn zum Geächteten	people – Leute	visitor centre – Besucherzentrum
Lionheart – Löwenherz	machen	on their way through –	memorable – unvergesslich
far away – weit weg	the Holy Land –	auf ihrem Weg durch	superb – großartig
Norman – Normanne	das Heilige Land	oak tree – Eiche	day – Tag

Now I'm a farmer

I'm a farmer

I've got a spade and a pick axe
and a hundred miles square of land
to churn about
my old horse is weary
but I believe that he can pull a plough.
Well I've moved into the jungle of the agriculture rumble, to grow my own food.
And I'll dig and plough and scrape the weeds till I succeed in seeing cabbage growing through.

Now I'm a farmer and I'm digging, digging, digging.
When would you grow what I grow,
tomatoes, potatoes,
stew, egg plants,
… gourds!!!

Übersetze diesen witzigen Text zum bäuerlichen Leben auf dem Land.

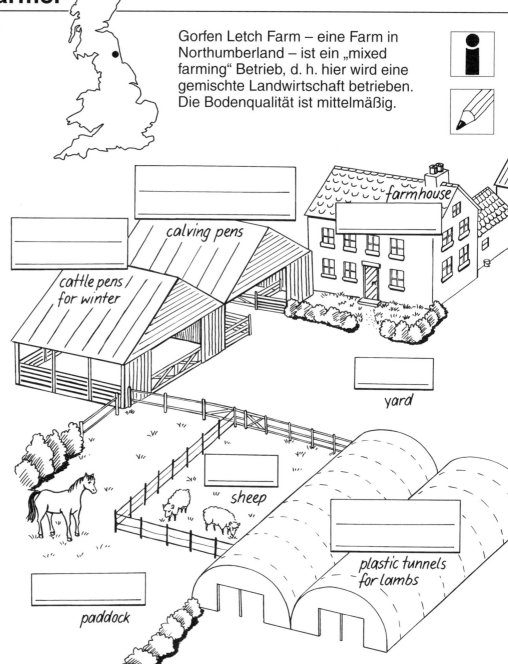

Gorfen Letch Farm – eine Farm in Northumberland – ist ein „mixed farming" Betrieb, d. h. hier wird eine gemischte Landwirtschaft betrieben. Die Bodenqualität ist mittelmäßig.

Vocabulary

spade (for digging) – Spaten
pick axe – Spitzhacke
a hundred miles square of land – hundert Quadratmeilen Land (Ackerfläche)
to churn – *hier:* durchwühlen, bearbeiten
old horse – Pferd, Gaul, alter Klepper
weary – müde, erschöpft
to pull a plough – einen Pflug ziehen
to move into the jungle of the agriculture rumble
  hier Redewendung: das bäuerliche Leben erkunden *oder:* mal schauen, was das Bauernleben so zu bieten hat
till I succeed in seeing cabbage growing through – *Redewendung:* so lange, bis ich den Kohl wachsen sehe *oder:* den Kohl ernten kann
to grow my own food – die eigenen Früchte anbauen

to grow – anbauen, anpflanzen
to dig – graben, umgraben
to plough – pflügen, umpflügen
to scrape – wegkratzen, jäten
weed – Unkraut
farmer – Bauer, Landwirt
tomatoes – Tomaten
potatoes – Kartoffeln
stew – *hier:* Gemüseallerlei
egg plants – Eierfrüchte (Auberginen)
gourds – Kürbisse
permanent – dauernd
grass – Gras
barley – Gerste
wheat – Weizen
paddock – Pferdekoppel
well – Brunnen
agriculture – Landwirtschaft

 Agriculture in GB

Großbritannien vermittelt dem Besucher den Eindruck eines grünen Landes. 80 % der Fläche wird landwirtschaftlich genutzt (zum Vergleich: Deutschland nur zu etwa 50 %). Allerdings dient nur ein Viertel der Fläche als Ackerland. Vor allem in Schottland und Wales sind große Weideflächen hauptsächlich der Schafzucht vorbehalten. Nur knapp 10 % sind mit Wald bedeckt. In Großbritannien gibt es 260 000 landwirtschaftliche Betriebe. Die Hälfte von ihnen sind sehr kleine Betriebe. Die Besitzer bewirtschaften ihre Höfe meist neben ihrem Hauptberuf. Sie erzeugen nur einen geringen Teil der landwirtschaftlichen Produktion. Mehr als die Hälfte aller landwirtschaftlichen Produkte stammt aus den rund 30 000 Großbetrieben.

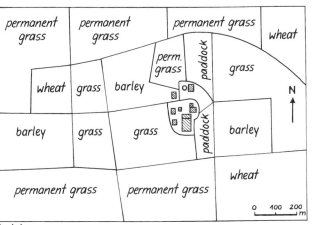

1. Jahr

barn – Scheune
machinery – Maschinen, Geräte
straw – Stroh
hay – Heu
cattle – Vieh
calving pens – Pferche für kalbende Kühe und ihre Kälber
stable – Stall
chicken shed – Hühnerstall
farm – Bauernhof
cottage – *hier:* Nebenwohngebäude
yard – Hof
sheep – Schafe
plastic tunnels – Plastiktunnels
lamb – Lamm

Male auch die Abbildung zur Bodennutzung aus. Lege dir selbst eine Farblegende an für
☐ paddock
☐ grass
☐ permanent grass
☐ wheat
☐ barley

Welche der unten in der Zeichnung vorgestellten Getreidearten baut Bauer Turnbull an? Kreuze sie an.
Schreibe die Namen darunter. Seine Felder nutzt Mr. Turnbull von Jahr zu Jahr anders, damit der Boden nicht einseitig beansprucht wird. Vergleiche den Anbau zwischen dem 1. und 2. Jahr.

 Mr. Turnbull ist der Besitzer der Gorfen Letch Farm. Er wechselt auf seinen Feldern die Anbaufrüchte:

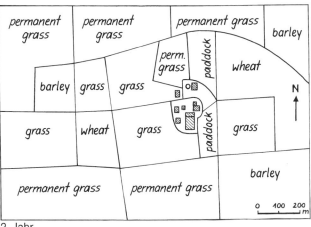

2. Jahr

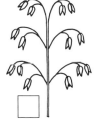   

British Industries – „made in Great Britain"

Bei uns kann man auch an vielen Straßennamen erkennen, was die Leute früher gemacht haben.

- MILL ROAD
- QUARRY ROAD
- GAS LANE
- FOUNDRY LANE
- SANDPIT ROAD
- FACTORY ROAD
- PITHEAD ROAD
- LIMEKILN LANE
- BRICK LANE
- WATERWORKS ROAD

Ordne die folgenden zehn Gewerbe und Berufe den Straßennamen zu. Die richtigen Buchstaben ergeben von oben nach unten gelesen den Namen der 'Bankenstraße' in London.

W – Mühle, T – Fabrik, S – Sand- und Kiesgrube, E – Ziegelei, T – Wasserwerk, E – Kalkbrennerei, L – Gaswerk, R – Zechengelände (Schachtanlage), A – Steinbruch, L – Gießerei (Metallverarbeitung)

Karte: Central Scotland, North East England, Yorks Notts and Derby, Shropshire, South Wales, Black Country

THE BLACK COUNTRY MUSEUM

THE BLACK COUNTRY MUSEUM a registered charity
TIPTON ROAD, DUDLEY, WEST MIDLANDS DY1 4SQ
Telephone: 0121-557-9643

Dort wo früher Schornsteine im Kohlenrevier „Black country" qualmten, erinnert heute nur noch ein Museum an die frühere Industrie.

▲ Eisen- und Stahlverarbeitung
● Kohlevorkommen

WESTERN CORRIDOR

Swindon
Einwohner: 160 000
High-tech-Industrie (Intel, Logica, Plessey)

Reading
Einwohner: 135 3..
High-tech-Industr..
(Digital, Panason..
Hewlett Packard,
Motorola, Hitachi,
ICL computers,
Norsk Data)

Bristol
Einwohner: 394 000
High-tech-Industrie (Marconi, IBM, Hewlett Packard, Digital Research, ICL computers, British Aerospace, Rolls Royce Flugzeugantrieb)

Newbury
Einwohner: 30 600
viele neue Firmen
(Bayer, Sony)

AVON, WILTSHIRE, BERKSHIRE, SEVERN, M4

Wie groß ist der „Western Corridor"? Miss die Ausdehnung vom Fluss Severn bis Heathrow Airport in London. _____

Wie viele Menschen wohnen im „Western Corridor"? Addiere die Einwohnerzahlen. _____

Welche der Firmen im „Western Corridor" kennst du?

_____

_____

Stelle im Atlas fest, wo heute in der Nähe welcher Städte in Großbritannien noch Kohle angebaut wird.

_____
_____
_____
_____
_____
_____

Slough
Einwohner: 98 600
Nahrungsmittel- und Metallindustrie

Bracknell
Einwohner: 90 700
High-tech-Industrie (Ferranti, Racal, 3M, ICI, Honeywell, British Aerospace Mikroelektronik und Computer)

Der britische Popstar Elton John besang in einem seiner Songs eine Straße mit gelben Backsteinen (Ziegelsteinen). Erkundige dich in einem Laden, wie dieses Lied und der gleichnamige Titel der CD heißt.

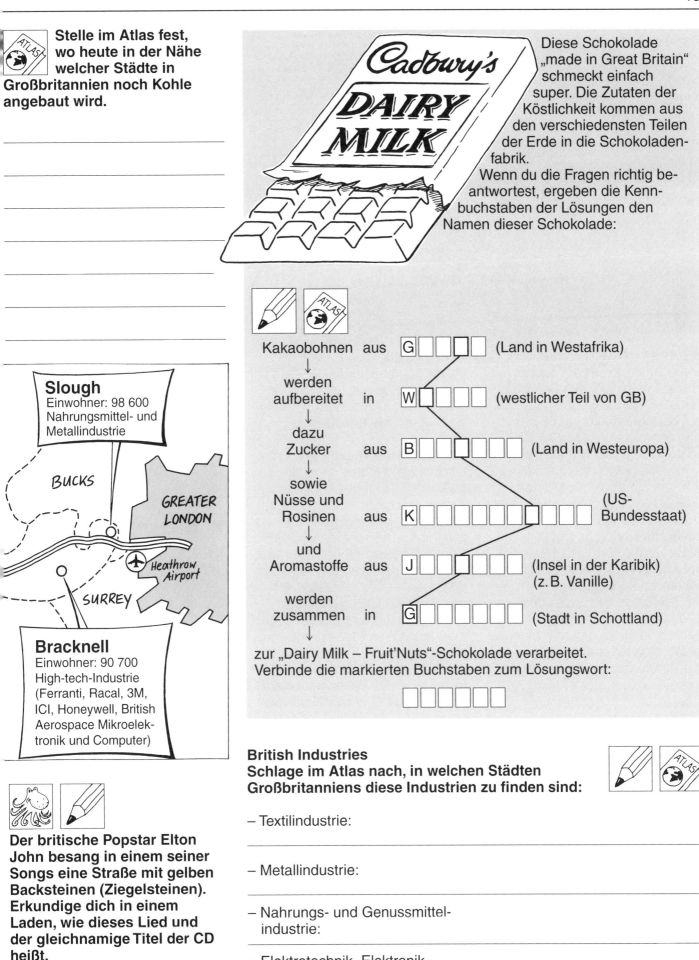

Diese Schokolade „made in Great Britain" schmeckt einfach super. Die Zutaten der Köstlichkeit kommen aus den verschiedensten Teilen der Erde in die Schokoladenfabrik.
Wenn du die Fragen richtig beantwortest, ergeben die Kennbuchstaben der Lösungen den Namen dieser Schokolade:

Kakaobohnen aus G☐☐☐ (Land in Westafrika)
↓
werden aufbereitet in W☐☐☐ (westlicher Teil von GB)
↓
dazu Zucker aus B☐☐☐☐☐ (Land in Westeuropa)
↓
sowie Nüsse und Rosinen aus K☐☐☐☐☐☐☐☐ (US-Bundesstaat)
↓
und Aromastoffe aus J☐☐☐☐ (Insel in der Karibik) (z. B. Vanille)
↓
werden zusammen in G☐☐☐☐☐ (Stadt in Schottland)
↓
zur „Dairy Milk – Fruit'Nuts"-Schokolade verarbeitet.
Verbinde die markierten Buchstaben zum Lösungswort:

☐☐☐☐☐☐

British Industries
Schlage im Atlas nach, in welchen Städten Großbritanniens diese Industrien zu finden sind:

– Textilindustrie:
_____

– Metallindustrie:
_____

– Nahrungs- und Genussmittelindustrie:
_____

– Elektrotechnik, Elektronikindustrie:
_____

North Sea Oil & British Petrol

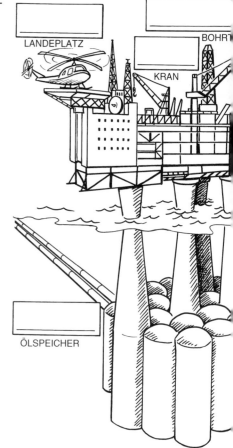

LANDEPLATZ
BOHR[TURM]
KRAN
ÖLSPEICHER

Stormwatch at „Thistle"
Brian Adamson ist auf Sturmwache auf der britischen Bohrinsel „Thistle". Diese Erdöllagerstätte auf dem Meeresgrund liegt dort, wo die Nordsee in den Atlantischen Ozean übergeht. Besorgt schaut der Wachmann mit dem Fernglas über die See zur benachbarten Bohrinsel, denn diese Nacht hat es wieder mal in sich. Unter der Plattform tobt eine Wasserhölle. Ein Orkan peitscht haushohe Wellenberge gegen die Plattform der Bohrinsel. Sie ragt bis zur Spitze des Bohrturms 120 Meter über das Wasser und reicht 150 Meter tief zum Meeresgrund. Wie ein wildes Tier scheint die Natur über die Plattform und ihre Besatzung herfallen zu wollen.
Doch auch diesmal, wie schon öfter, geht es für den Menschen gut aus. Der schwere Sturm kann die am Meeresgrund verankerte Plattform nicht losreißen und die 200-köpfige Besatzung in Lebensgefahr bringen. Auch die Pipelines, die von hier seit 1970 das Nordseeöl bis nach Schottland leiten, halten. Das britische Erdöl kann weiterfließen.

Bis heute wird aus mehr als dreißig Feldern im britischen Nordseegebiet Erdöl für das Vereinigte Königreich gefördert. Großbritannien ist nach Norwegen zum zweitgrößten Erdölproduzenten Europas geworden und liegt weltweit unter den „Top Ten" der Erdölstaaten. In den nächsten Jahren erwarten Experten sogar noch eine Steigerung der Fördermengen von Nordseeöl und -gas, denn weitere große Lagerstätten wurden entdeckt. Großbritannien ist heute in der Lage, seinen Erdölbedarf aus eigenem Nordseeöl zu decken und große Mengen z.B. auch nach Deutschland auszuführen. North Sea Oil & British Petrol bringen viel Geld in die britische Staatskasse.

Exxon (USA), British Petrol (GB) und Royal Dutch Shell (NL/GB) sind die drei wichtigsten Erdölgesellschaften, die in Westeuropa das britische Nordseeöl zu Benzin und anderen Mineralölprodukten verarbeiten. Male die Firmenlogos farbig aus.

ABFACKELMAST FÜR FÖRDERGASE

Ergänze die Zeichnung der Nordseebohrinsel mit den entsprechenden englischen Begriffen.

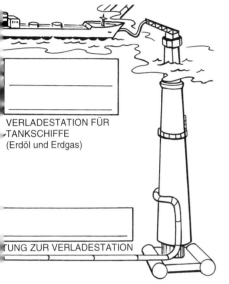

VERLADESTATION FÜR TANKSCHIFFE (Erdöl und Erdgas)

...TUNG ZUR VERLADESTATION

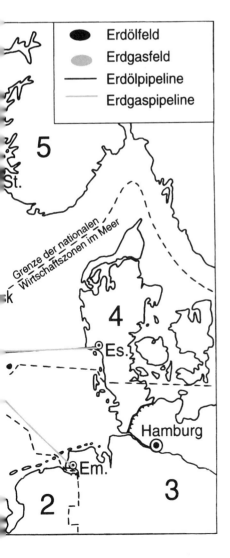

- ● Erdölfeld
- ● Erdgasfeld
- — Erdölpipeline
- — Erdgaspipeline

 2 800 000 barrel per day

2 800 000 Barrel (Fass) Erdöl wurden in Großbritannien 1996 aus dem Meeresboden an einem Tag unter der Nordsee gefördert. **1 Barrel Erdöl** beinhaltet die Menge von **159 Litern (159 kg).**
Berechne die Erdölfördermenge in Großbritannien
a) pro Tag und b) im Jahr in Tonnen!
1 Tonne (1 t) = 1000 kg

Vocabulary

city – *hier:* (Groß-)stadt
town – Stadt
port – Hafen
to work on – bearbeiten
map – Karte
to fill in – ausfüllen
state – Staat/Land
island – Insel
pipeline/-s – Rohrleitung/-en (vor allem zum Transport von Erdöl und Erdgas)
barrel – Fass Erdöl
per day – pro Tag
storm – Unwetter, Orkan; *hier:* Sturmflut
stormwatch – „Sturmwache"
the North Sea – die Nordsee
petrol – Benzin
derrick – Bohrturm
crane – Kran
flare – Abfackelmast für Fördergase
helipad – Landeplatz für Hubschrauber
export pipeline – Leitung zur Verladestation
loading platform – Verladestation für Tankschiffe
oil-tank/-s – Ölspeicher/Öltank(s)

 Wo enden die Pipelines???
Schau mal in der Karte nach, wo die Erdölleitungen folgender Lagerstätten in Großbritannien hinführen.

Name des Erdölfelds	Endpunkt der Pipeline
Brent/Cormoran	
Piper	
Ninian	
Beryl/Forties	

  North Sea: Oil, gas & pipelines.
Work on the map and fill in the lines with the names of …

cities/towns and ports   **states**

St.F. _____   1 _____
Ab. _____   2 _____
D. _____   3 _____
Mi. _____   4 _____
Te. _____   5 _____
St. _____   **islands**
Es. _____   a _____
Em. _____   b _____

KLETT-PERTHES

English – all over the world

Was für eine Frage. Natürlich sprechen die sieben Schülerinnen und Schüler englisch. Sie alle sind Briten. Genauer gesagt, **British subjects,** Untertanen der Königin von England, der Queen. Knapp 60 Millionen Einwohner leben im Vereinigten Königreich (United Kingdom). Sie sprechen alle englisch, doch manchmal erhält man merkwürdig klingende Antworten.

 Fragen wir mal die Kinder nach Namen und Herkunft. Übersetze ihre Aussagen.

„**I'm Madeleine,** I'm English but my parents come from Jamaica"

„**I'm Sean,** I'm Scottish"

„**I'm Sheila,** I'm English, my family comes from Pakistan"

„**I'm Pam,** I'm from Northern Ireland, my hometown is Belfast"

„**I'm Jonas,** my parents are from Zambia in Africa, but I'm English"

„**I'm Sarah,** I'm from Wales"

„**I'm Steve,** I'm from York and I'm English"

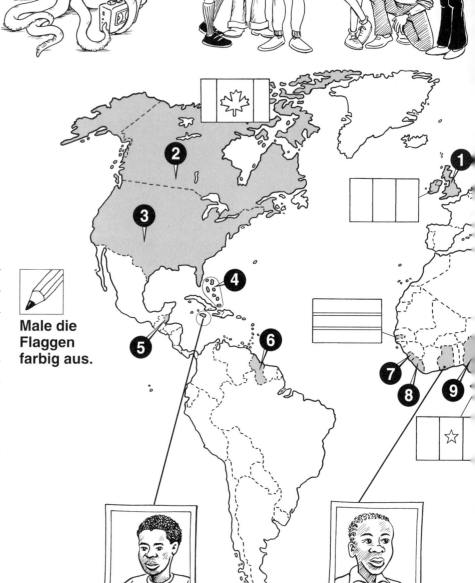

Male die Flaggen farbig aus.

Kingston, _____
I'm Desmond Miller (14). I never knew my father. I have got a job at a petrol station on the outskirts of Kingston. But I want to go back to school.

Accra, _____
My name is Obad Tamale (12). I'm working on a pineapple plantation. The work is very hard and I want to go back to my village to learn in school.

 Diese drei Kinder erzählen von ihrem Leben und ihren Wünschen. Ordne den Städtenamen das jeweilige Land zu und übersetze die Texte mit Hilfe des Wörterbuches.

KLETT-PERTHES